Europäische Kommission

Beschluss der Kommission vom 1. August 2013

über die Anwendung des EU-Beitrags, der den vom Obersten Rat der Europäischen Schulen anerkannten Schulen entsprechend der Anzahl der angemeldeten Kinder von EU-Bediensteten [...]

Antiphon Verlag

Europäische Kommission

Beschluss der Kommission vom 1. August 2013

über die Anwendung des EU-Beitrags, der den vom Obersten Rat der Europäischen Schulen anerkannten Schulen entsprechend der Anzahl der angemeldeten Kinder von EU-Bediensteten [...]

1. Auflage 2026 | ISBN: 978-3-38798-711-9

Antiphon Verlag ist ein Imprint der Antiquum Novum Verlag.

Verlag: Antiquum Novum Verlag UG (haftungsbeschränkt), Im Erlengrund 6a, 35510 Butzbach, Deutschland, info@antiquum-novum.de
Vertretungsberechtigt: E. Roepke, Zeilweg 44, 60439 Frankfurt, Deutschland
Druck: Libri Plureos GmbH, Friedensallee 273, 22763 Hamburg, Deutschland

BESCHLUSS DER KOMMISSION

vom 1. August 2013

über die Anwendung des EU-Beitrags, der den vom Obersten Rat der Europäischen Schulen anerkannten Schulen entsprechend der Anzahl der angemeldeten Kinder von EU-Bediensteten gezahlt wird, und zur Ersetzung des Beschlusses der Kommission K(2009) 7719, geändert durch den Beschluss der Kommission K(2010) 7993

(2013/C 222/06)

DIE EUROPÄISCHE KOMMISSION —

gestützt auf den Vertrag über die Arbeitsweise der Europäischen Union, insbesondere auf Artikel 335,

gestützt auf die Verordnung (EU, Euratom) Nr. 966/2012 des Europäischen Parlaments und des Rates vom 25. Oktober 2012 [1], insbesondere auf Artikel 54 Absatz 2 Buchstabe e,

in Erwägung nachstehender Gründe:

(1) Für die Kinder der Bediensteten der Organe und sonstigen Einrichtungen der Europäischen Union wurde ein Netz von Europäischen Schulen errichtet.

(2) Die Europäische Union unterstützt das europäische Schulwesen für die Kinder ihrer Bediensteten, indem sie die Europäischen Schulen im Sinne der Vereinbarung über die Satzung der Europäischen Schulen [2] fördert und den Kindern ihrer Bediensteten eine gebührenfreie bevorzugte Anmeldung an diesen Schulen garantiert.

(3) Dieser Ansatz wird durch die Politik in Bezug auf die Familien der Bediensteten der Europäischen Union bestätigt, insbesondere durch Anhang VII Artikel 3 des Statuts der Beamten und der Beschäftigungsbedingungen für die sonstigen Bediensteten der Europäischen Gemeinschaften, wonach eine doppelte Erziehungszulage gewährt wird, wenn sich in einem Umkreis von 50 km vom Ort der dienstlichen Verwendung keine Europäische Schule befindet.

(4) Durch den Beschluss des Obersten Rates der Europäischen Schulen vom 23. April 2009 über die Reform des Systems der Europäischen Schulen [3] wurde das System der Europäischen Schulen für Schulen geöffnet, die den europäischen Lehrplan und in einigen Fällen das Europäische Abitur anbieten und per Beschluss des Obersten Rates, in dem bestätigt wird, dass sie verschiedene Bedingungen in Bezug auf die Lehranforderungen und die Bildungsqualität erfüllen, anerkannt sind.

(5) In seiner Sitzung vom 18. April 2013 hob der Oberste Rat der Europäischen Schulen seinen Beschluss vom 23. April 2009 und die zugehörigen Rechtsdokumente zur Festlegung eines Beitrags der Europäischen Union zu anerkannten Europäischen Schulen, die schulische Bildung für die Kinder der EU-Bediensteten anbieten, auf und ersetzte diesen Beschluss durch eine Verordnung über anerkannte Europäische Schulen, in der keine Rechtsgrundlage mehr für einen EU-Beitrag zu anerkannten Europäischen Schulen enthalten ist [4].

(6) Der Beschluss der Kommission K(2009) 7719 vom 14. Oktober 2009 über die Anwendung des Gemeinschaftsbeitrags für die vom Obersten Rat der Europäischen Schulen anerkannten Schulen, der sich nach der Anzahl der Schüler bemisst, deren Eltern bei den Gemeinschaften beschäftigt sind, geändert durch den Beschluss der Kommission K(2010) 7993 vom 8. Dezember 2010 zur Erläuterung des in Teil III Abschnitt 1 des Beschlusses des Obersten Rates vom 23. April 2009 vorgesehenen Verfahrens, muss daher ersetzt werden.

(7) Das Verfahren für die Festlegung des EU-Beitrags, das jährliche Anpassungen vorsieht, muss reformiert werden, da es zu aufwändig ist. Einer der zu berücksichtigenden Parameter kann nicht mehr auf der Grundlage von realen Daten bestimmt werden, und die zu berücksichtigenden Parameter liegen allesamt außerhalb der Kontrolle der EU und stehen in keiner Beziehung zu den EU-Beiträgen für Schüler, deren Eltern bei der EU beschäftigt sind und die andere schulische Einrichtungen besuchen.

(8) Die Zahlungsbedingungen für den EU-Beitrag müssen reformiert werden, um sicherzustellen, dass dieser Beitrag in Übereinstimmung mit den Grundsätzen der Familienwohlfahrt und der Wirtschaftlichkeit festgelegt wird, und um das Aufteilungsverfahren für Fälle zu präzisieren, in denen die von der Haushaltsbehörde der Europäischen Union in den Haushalt der EU-Organe eingestellten Mittel nicht für die Zahlung des vollen EU-Beitrags ausreichen.

(9) Die Quelle des EU-Beitrags muss zu den europäischen Organen oder sonstigen Einrichtungen verlagert werden, die im Rahmen ihrer Verwaltungsautonomie zu entscheiden haben, ob sie den gebührenfreien bevorzugten Zugang zum europäischen Schulwesen für die Kinder ihrer Bediensteten im Gegenzug für die Übernahme der Kosten des diesbezüglichen von der Europäischen Kommission gezahlten EU-Beitrags sicherstellen möchten oder nicht —

HAT FOLGENDEN BESCHLUSS ERLASSEN:

Einziger Artikel

Der Beschluss der Kommission K(2009) 7719, geändert durch den Beschluss der Kommission K(2010) 7993, wird aufgehoben und wie folgt ersetzt:

---

[1] ABl. L 298 vom 26.11.2012, S. 3.

[2] ABl. L 212 vom 17.8.1994, S. 3.

[3] Dokumente 2009-D-353-de-4 und 2009-D-681-de-1 des Büros des Generalsekretärs der Europäischen Schulen.

[4] Dokument 2013-01-D-64-en-4 des Büros des Generalsekretärs der Europäischen Schulen.

„Artikel 1

Geltungsbereich

(1) Der vorliegende Beschluss gilt für die von der Europäischen Kommission (im Folgenden ‚Kommission') gezahlten Beiträge an Europäische Schulen des Typs II im Sinne von Artikel 2 Absatz 8 des vorliegenden Beschlusses oder an die nationalen öffentlichen oder privaten Einrichtungen, die für diese Schulen zuständig sind,

a) im eigenen Namen für die Kinder der Bediensteten der Kommission, die in den betreffenden Europäischen Schulen des Typs II angemeldet sind, oder

b) im Namen anderer europäischer Organe und sonstiger Einrichtungen für die Kinder ihrer Bediensteten, die an den betreffenden Europäischen Schulen des Typs II angemeldet sind, sofern sich die Einrichtungen, in deren Namen die Kommission die Beiträge gezahlt hat, dazu verpflichtet haben, der Kommission diese Beiträge basierend auf einer Mandats- und Dienstleistungsvereinbarung im Sinne von Artikel 2 Absatz 12 des vorliegenden Beschlusses zu erstatten.

(2) Der vorliegende Beschluss gilt für sämtliche Streitigkeiten in Bezug auf die Zugangsvoraussetzungen für Kinder der Bediensteten der Kommission als Schüler, deren Eltern bei der EU beschäftigt sind, im Sinne von Artikel 2 Absatz 3.

(3) Der vorliegende Beschluss gilt insbesondere nicht für Angelegenheiten im Zusammenhang mit der Anerkennung einer Europäischen Schule des Typs II, für die Zugangsvoraussetzungen für die Kinder der Bediensteten anderer europäischer Organe und sonstiger Einrichtungen als Schüler, deren Eltern bei der EU beschäftigt sind, im Sinne von Artikel 2 Absatz 3 des vorliegenden Beschlusses oder für sonstige Angelegenheiten im Zusammenhang mit einer direkten Interaktion zwischen anderen europäischen Organen und Einrichtungen und einer Europäischen Schule des Typs II oder einer dafür zuständigen nationalen öffentlichen oder privaten Einrichtung.

Artikel 2

Begriffsbestimmungen

(1) Eine ‚anerkannte Europäische Schule' ist eine Schule in einem Mitgliedstaat der Europäischen Union, die vom Obersten Rat der Europäischen Schulen die Berechtigung zur Europäischen Beschulung erhalten hat.

(2) Der ‚Anerkennungszeitraum' und die ‚anerkannte Stufe' sind der Zeitraum beziehungsweise die Stufe, für den beziehungsweise die die Berechtigung zur europäischen Beschulung durch den Obersten Rat gilt.

(3) ‚Schüler, deren Eltern bei der EU beschäftigt sind' sind Kinder, einschließlich Waisen, von:

a) Mitgliedern oder früheren Mitgliedern der Organe der Europäischen Union,

b) Bediensteten im aktiven Dienst oder Pensionären der Organe und sonstigen Einrichtungen der Europäischen Union, die Anspruch auf eine Erziehungszulage gemäß Anhang VII Artikel 3 Absatz 1 des Statuts der Beamten und der Beschäftigungsbedingungen für die sonstigen Bediensteten der Europäischen Gemeinschaften ([5]) (im Folgenden ‚Statut') haben.

(4) Die ‚einfache jährliche Erziehungszulage' ist der Betrag, der dem Zwölffachen (12-fachen) der maximalen monatlichen Erziehungszulagen gemäß Anhang VII Artikel 3 Absatz 1 des Statuts, die jeweils zu Beginn des betreffenden Schuljahres anwendbar sind, entspricht.

(5) Ein ‚Schuljahr' ist der 10-Monats-Zeitraum zwischen dem 1. September des Jahres N und dem 30. Juni des Jahres N + 1, der als Grundlage für die Berechnung des EU-Beitrags dient.

(6) Ein ‚Anmeldemonat' ist ein Kalendermonat während des Schuljahres, in dem der betreffende Schüler, dessen Eltern bei der EU beschäftigt sind, an der Europäischen Schule des Typs II angemeldet war.

(7) ‚Europäische Schulen des Typs I' sind Schulen im Sinne der Vereinbarung über die Satzung der Europäischen Schulen ([6]).

(8) ‚Europäische Schulen des Typs II' sind anerkannte Europäische Schulen, an denen Schülern, deren Eltern bei der EU beschäftigt sind, eine gebührenfreie bevorzugte Anmeldung gewährt wird.

(9) Der ‚Empfänger' ist die Europäische Schule des Typs II oder die dafür zuständige nationale öffentliche oder private Einrichtung, die einen EU-Beitrag im Gegenzug dafür erhält, dass sie Schülern, deren Eltern bei der EU beschäftigt sind, eine gebührenfreie bevorzugte Anmeldung an der Europäischen Schule des Typs II gewährt.

(10) Der ‚EU-Beitrag' ist der Beitrag, den die Kommission pro Schüler, dessen Eltern bei der EU beschäftigt sind und der während des Anerkennungszeitraums in anerkannten Stufen an der Schule angemeldet ist, sowie entsprechend der Dauer der tatsächlichen Anmeldung entweder im eigenen Namen oder basierend auf einer Mandats- und Dienstleistungsvereinbarung im Namen eines anderen europäischen Organs oder einer sonstigen Einrichtung an einen Empfänger zahlt.

(11) Eine ‚EU-Beitragsvereinbarung' ist eine Vereinbarung, die die Kommission im eigenen Namen und/oder basierend auf einer gültigen Mandats- und Dienstleistungsvereinbarung im Namen eines anderen europäischen Organs oder einer sonstigen Einrichtung in Bezug auf die Berechnung und die Bedingungen für die Zahlung und möglicherweise Einziehung eines EU-Beitrags mit dem Empfänger abgeschlossen hat.

(12) Eine ‚Mandats- und Dienstleistungsvereinbarung' (im Folgenden ‚MDV') ist eine Vereinbarung zwischen der Kommission und einem anderen europäischen Organ oder einer sonstigen europäischen Einrichtung, in der Letztgenannte die Kommission beauftragen, in ihrem Namen EU-Beitragsvereinbarungen mit Empfängern, die Schülern, deren Eltern bei der EU beschäftigt sind, eine gebührenfreie bevorzugte Anmeldung gewähren, abzuschließen und umzusetzen, und sich zur Übernahme der Kosten, die der Kommission in diesem Zusammenhang entstehen, verpflichten.

Artikel 3

Zahlungsbedingungen

(1) Sofern die Bedingungen gemäß den Absätzen 2 und 3 dieses Artikels erfüllt sind, zahlt die Kommission im eigenen Namen oder im Namen eines anderen europäischen Organs oder einer sonstigen Einrichtung für den Anerkennungszeitraum und die anerkannten Stufen einen EU-Beitrag pro Schüler, dessen Eltern bei der EU beschäftigt sind und der an einer bestimmten Europäischen Schule des Typs II des betreffenden Empfängers angemeldet ist, wobei dieser Beitrag auf monatlicher Basis gemäß Artikel 5 und 6 des vorliegenden Beschlusses berechnet wird.

(2) Falls die Kommission im Namen eines anderen europäischen Organs oder einer sonstigen europäischen Einrichtung handelt, müssen vor Abschluss einer EU-Beitragsvereinbarung die folgenden Bedingungen erfüllt sein:

a) Die Kommission hat auf der Grundlage der als Anhang I des vorliegenden Beschlusses beigefügten Mustervereinbarung eine MDV abgeschlossen, die für die Haushaltsjahre gilt, in denen der betreffende EU-Beitrag festzulegen ist.

b) Die Kommission hat dem Empfänger eine Kopie der unterzeichneten MDV vorgelegt.

(3) Ungeachtet dessen, ob die Kommission im eigenen Namen oder im Namen eines anderen europäischen Organs oder einer sonstigen Einrichtung handelt, müssen die folgenden Bedingungen erfüllt sein:

a) Der Empfänger hat auf der Grundlage der als Anhang II des vorliegenden Beschlusses beigefügten Mustervereinbarung eine EU-Beitragsvereinbarung mit der Europäischen Union, vertreten durch die Kommission, abgeschlossen.

b) Der Empfänger befreit Schüler, deren Eltern bei der EU beschäftigt sind und die unter die EU-Beitragsvereinbarung fallen und in anerkannten Stufen angemeldet sind, von den Schulgebühren und gewährt ihnen Vorrang bei der Anmeldung an der betreffenden Europäischen Schule des Typs II.

c) Der Empfänger gewährleistet die Übermittlung der für die Überprüfung, Berechnung und Zahlung des EU-Beitrags notwendigen Zahlen und Daten innerhalb der in Artikel 9 des vorliegenden Beschlusses vorgesehenen Fristen.

d) Der Empfänger gewährleistet die Erfassung und Aufbewahrung der erforderlichen Dokumente und Daten für die Überprüfung der unter Buchstabe c dieses Absatzes genannten Zahlen und Daten.

Artikel 4

Umwandlung einer Europäischen Schule des Typs I in eine Europäische Schule des Typs II

Wenn eine Europäische Schule des Typs I ihren Status in denjenigen einer Europäischen Schule des Typs II ändert, kann die Kommission während eines Übergangszeitraums unter Berücksichtigung der mit dem Übergang verbundenen Kosten sowie der Notwendigkeit, die Kontinuität der Ausbildung von Schülern, deren Eltern bei der EU beschäftigt sind, sicherzustellen, einen höheren EU-Beitrag festsetzen. Der auf diese Weise festgesetzte Betrag darf die Höhe des EU-Beitrags, der vor dem Übergang an die Europäische Schule des Typs I gezahlt wurde, nicht überschreiten und wird im Verlauf des Übergangszeitraums reduziert.

Artikel 5

Berechnung des EU-Beitrags pro Schüler, dessen Eltern bei der EU beschäftigt sind

Der EU-Beitrag pro Schüler, dessen Eltern bei der EU beschäftigt sind, wird wie folgt berechnet:

a) Für Schüler, deren Eltern bei der EU beschäftigt sind und die in anerkannten Stufen im Kindergarten- und Primarbereich angemeldet sind:

$$\frac{(\text{dem Zweifachen der einfachen jährlichen Erziehungszulage für das Jahr N} - 1 \text{ entsprechender Betrag}) \times \text{Anzahl der Anmeldemonate}}{10}$$

b) Für Schüler, deren Eltern bei der EU beschäftigt sind und die in anerkannten Stufen im Sekundarbereich angemeldet sind:

$$\frac{(\text{dem Dreifachen der einfachen jährlichen Erziehungszulage für das Jahr N} - 1 \text{ entsprechender Betrag}) \times \text{Anzahl der Anmeldemonate}}{10}$$

Artikel 6

Konditionalität des EU-Beitrags

(1) Wenn die Mittel, die durch die Haushaltsbehörde der Europäischen Union in den Haushalt der Kommission oder der europäischen Organe oder sonstigen Einrichtungen eingestellt wurden, für die Deckung des gemäß Artikel 5 des vorliegenden Beschlusses festgesetzten EU-Beitrags nicht ausreichen, kann der EU-Beitrag der Kommission oder der europäischen Organe oder sonstigen Einrichtungen, die von der unzureichenden Mitteleinstellung betroffen sind, anteilig reduziert werden. In diesem Fall gilt Folgendes:

a) Die Kommission setzt die betreffenden Empfänger vor dem 15. Februar des Jahres N (Versanddatum) von der Situation in Kenntnis und bietet ihnen den reduzierten Beitrag pro Schüler für das Schuljahr N/N + 1 an.

b) Die Kommission kündigt die EU-Beitragsvereinbarung oder verlängert diese nicht, falls ein Empfänger das Angebot nicht bis 30. April des Jahres N (Versanddatum) angenommen hat.

(2) Falls der Haushalt der Europäischen Union oder des Organs am 1. Januar eines gegebenen Jahres nicht verabschiedet ist und die der Kommission oder dem betreffenden Organ zur Verfügung gestellten Mittel demzufolge gemäß Artikel 16 der Verordnung (EU, Euratom) Nr. 966/2012 auf ein Zwölftel der im Haushalt des vorherigen Haushaltsjahres verfügbaren Mittel begrenzt werden, wird die Zahlung monatlich basierend auf dem im Vorjahr gezahlten Jahresbeitrag vorgenommen.

(3) Verzugszinsen sind von Rechts wegen gemäß Artikel 83 der delegierten Verordnung (EU) Nr. 1268/2012 der Kommission vom 29. Oktober 2012 über die Anwendungsbestimmungen für die Verordnung (EU, Euratom) Nr. 966/2012 des Europäischen Parlaments und des Rates über die Haushaltsordnung für den Gesamthaushaltsplan der Union zahlbar ([7]).

Artikel 7

Ermächtigung

(1) Der Generaldirektor der GD HR wird ermächtigt, im Namen der Kommission eine MDV mit den europäischen Organen und sonstigen Einrichtungen abzuschließen, in deren Namen die Kommission den Abschluss einer EU-Beitragsvereinbarung basierend auf der als Anhang I des vorliegenden Beschlusses beigefügten Mustervereinbarung beabsichtigt.

(2) Der Generaldirektor der GD HR wird ermächtigt, im Namen der Kommission sowie der anderen europäischen Organe und Einrichtungen, mit denen eine gültige MDV für die betreffenden Haushaltsjahre besteht, eine EU-Beitragsvereinbarung mit dem Empfänger basierend auf der als Anhang II des vorliegenden Beschlusses beigefügten Mustervereinbarung abzuschließen.

(3) Der Generaldirektor der GD HR wird ermächtigt, in dem in Artikel 4 des vorliegenden Beschlusses genannten Fall im Namen der Kommission sowie der anderen europäischen Organe und Einrichtungen, mit denen eine spezifische MDV zu diesem Zweck abgeschlossen wurde, eine spezifische EU-Beitragsvereinbarung abzuschließen.

Artikel 8

Zahlungs- und Einziehungsverfahren

(1) Die Kommission zahlt den EU-Beitrag im eigenen Namen sowie im Namen der anderen europäischen Organe oder sonstigen Einrichtungen, die in den Geltungsbereich der EU-Beitragsvereinbarung fallen, an den Empfänger auf das in der EU-Beitragsvereinbarung genannte Bankkonto.

(2) Bis zum 31. Dezember des Haushaltsjahres N wird basierend auf den Daten und indikativen Zahlen, die gemäß Artikel 9 Absatz 1 des vorliegenden Beschlusses zu Beginn des Schuljahres vorgelegt wurden, zusammen mit der endgültigen Zahlung des EU-Beitrags für das Schuljahr N – 1/N eine Vorfinanzierungszahlung für das Schuljahr N/N + 1 geleistet.

(3) Die endgültige Zahlung für das Schuljahr N – 1/N basiert auf den endgültigen Daten und Zahlen, die gemäß Artikel 9 Absatz 2 des vorliegenden Beschlusses vorgelegt wurden, und wird um die für dasselbe Schuljahr gezahlte Vorfinanzierung reduziert.

(4) Die endgültige Zahlung für das Schuljahr N – 1/N wird mit der Vorfinanzierungszahlung für das Schuljahr N/N + 1 verrechnet.

(5) Die anwendbaren Zahlungs- und Einziehungsverfahren sind in der Haushaltsordnung für den Gesamthaushaltsplan der Union ([8]) sowie in dem Entwurf der EU-Beitragsvereinbarung in Anhang II des vorliegenden Beschlusses festgelegt.

Artikel 9

Bereitstellung der erforderlichen Daten für die Berechnung des EU-Beitrags

(1) Unter Einhaltung der geltenden Datenschutzvorschriften gewährleistet der Empfänger gegenüber der Kommission oder den anderen EU-Organen und sonstigen Einrichtungen, die in den Geltungsbereich der EU-Beitragsvereinbarung fallen, die Erfassung und Bereitstellung der folgenden Daten in Bezug auf das Schuljahr N/N + 1 vor dem 16. September des Jahres N:

a) vollständiger Name des/der bei der EU beschäftigten Elternteils/Elternteile des/der angemeldeten Schüler(s)

b) Benennung des EU-Organs oder der sonstigen EU-Einrichtung, über das/die der/die bei der EU beschäftigte(n) Elternteil(e) des/der angemeldeten Schüler(s seinen/ihren Status ableitet/ableiten

c) vollständiger Name des/der angemeldeten Schüler(s), dessen/deren Eltern bei der EU beschäftigt sind

d) anerkannte Stufe im Kindergarten-, Primar- oder Sekundarbereich, in der der Schüler, dessen Eltern bei der EU beschäftigt sind, angemeldet ist

e) voraussichtliche Anzahl der Anmeldemonate für jeden zugangsberechtigten Schüler, dessen Eltern bei der EU beschäftigt sind und der in einer Stufe im Kindergarten-, Primar- oder Sekundarbereich angemeldet ist.

(2) Unter Einhaltung der geltenden Datenschutzvorschriften gewährleistet der Empfänger gegenüber der Kommission oder den anderen EU-Organen und sonstigen Einrichtungen, die in den Geltungsbereich der EU-Beitragsvereinbarung fallen, die Erfassung und Bereitstellung der folgenden Daten in Bezug auf das Schuljahr N/N + 1 vor dem 16. Juli des Jahres N + 1:

a) vollständiger Name des/der bei der EU beschäftigten Elternteils/Elternteile des/der angemeldeten Schüler(s)

b) Benennung des EU-Organs oder der sonstigen EU-Einrichtung, über das/die der/die bei der EU beschäftigte(n) Elternteil(e) des/der angemeldeten Schüler(s seinen/ihren Status ableitet/ableiten

c) vollständiger Name des/der angemeldeten Schüler(s), dessen/deren Eltern bei der EU beschäftigt sind

d) anerkannte Stufe im Kindergarten-, Primar- oder Sekundarbereich, in der der Schüler, dessen Eltern bei der EU beschäftigt sind, angemeldet ist

e) tatsächliche Anzahl der Anmeldemonate für jeden berechtigten Schüler, dessen Eltern bei der EU beschäftigt sind und der in einer Stufe im Kindergarten- Primar- oder Sekundarbereich angemeldet ist.

Artikel 10

Erfassung, Aufbewahrung und Überprüfung von Daten

Unter Einhaltung der geltenden Datenschutzvorschriften gewährleistet der Empfänger, dass über einen Zeitraum von fünf (5) Jahren nach dem Ende des Schuljahres N/N + 1 alle relevanten Daten erfasst, aufbewahrt und im Falle der Überprüfung durch die Kommission oder ein anderes europäisches Organ, das für die Überprüfung der gemäß Artikel 9 des vorliegenden Beschlusses übermittelten Zahlen und Daten zuständig ist, bereitgestellt werden. Hierzu zählen die Original-Buchhaltungsunterlagen und beglaubigte Abschriften aller für die Zahlung relevanten Dokumente sowie insbesondere Belege für die Daten, die gemäß Artikel 9 des vorliegenden Beschlusses übermittelt wurden.

Artikel 11

Anwendbares Recht und Gerichtsstand

(1) Der EU-Beitrag unterliegt den Bedingungen des vorliegenden Beschlusses der Kommission, der EU-Beitragsvereinbarung, dem Recht der Europäischen Union und auf subsidiärer Grundlage dem Recht des Mitgliedstaats, in dem der Empfänger ansässig ist.

(2) Der Empfänger kann gegen die Beschlüsse der Kommission in Bezug auf die Anwendung der Bestimmungen der EU-Beitragsvereinbarung vor dem Gericht der Europäischen Union und im Falle der Einlegung eines Rechtsmittels vor dem Gerichtshof Klage erheben.

Artikel 12

Inkrafttreten und Veröffentlichung

(1) Der vorliegende Beschluss tritt am Tag nach seiner Veröffentlichung im *Amtsblatt der Europäischen Union* in Kraft und ist für alle nach diesem Datum abgeschlossenen EU-Beitragsvereinbarungen wirksam.

(2) EU-Beitragsvereinbarungen, die vor Annahme des vorliegenden Beschlusses abgeschlossen wurden, bleiben bis zum nächsten Ablaufdatum, das in der betreffenden Vereinbarung festgelegt wurde, wirksam, außer wenn zwischen den Parteien etwas anderes vereinbart wurde.

(3) In den Fällen gemäß Absatz 2 dieses Artikels gilt der vorliegende Beschluss ab dem Tag nach dem Ablaufdatum der betreffenden EU-Beitragsvereinbarung für das verbleibende Schuljahr, außer wenn zwischen den Parteien etwas anderes vereinbart wurde.

([5]) ABl. L 348 vom 29.12.2009, S. 10.
([6]) Vgl. Fußnote 2.
([7]) ABl. L 362 vom 31.12.2012, S. 1.
([8]) Verordnung (EU, Euratom) Nr. 966/2012 des Europäischen Parlaments und des Rates vom 25. Oktober 2012.“

Brüssel, den 1. August 2013

Für die Kommission,
im Namen des Präsidenten,
Maroš ŠEFČOVIČ
Vizepräsident

ANHANG I

[MUSTER] (1)

MANDATS- UND DIENSTLEISTUNGSVEREINBARUNG

über die Zusammenarbeit zwischen [vollständige Bezeichnung des europäischen Organs oder der sonstigen Einrichtung, bei dem/der den Kindern von Bediensteten die gebührenfreie bevorzugte Anmeldung an einer Europäischen Schule des Typs II gewährt wird (im Folgenden „[Akronym des europäischen Organs oder der sonstigen Einrichtung, *im Folgenden abgekürzt als* ‚AKRONYM'](")] und der Europäischen Kommission

[AKRONYM], zum Zwecke der vorliegenden Mandats- und Dienstleistungsvereinbarung vertreten durch [Bezeichnung der Funktion des gesetzlichen Vertreters], [Name des gesetzlichen Vertreters],

und

der Europäischen Kommission (im Folgenden „die Kommission"), zum Zwecke der vorliegenden Mandats- und Dienstleistungsvereinbarung vertreten durch den Generaldirektor der Generaldirektion für Humanressourcen und Sicherheit, [Name des Generaldirektors],

gestützt auf den Beschluss C(2013) [...] der Kommission vom [...] über die Anwendung des EU-Beitrags, der den vom Obersten Rat der Europäischen Schulen anerkannten Schulen entsprechend der Anzahl der angemeldeten Kinder von EU-Bediensteten gezahlt wird, und zur Ersetzung des Beschlusses der Kommission K(2009) 7719 vom 14. Oktober 2009, geändert durch den Beschluss der Kommission K(2010) 7993 vom 8. Dezember 2010 (im Folgenden „der Beschluss der Kommission"), insbesondere auf Artikel 2,

[*Option im Falle einer bestehenden Verwaltungsrahmenvereinbarung zwischen der Kommission, vertreten durch die GD HR, mit dem betreffenden Organ oder der betreffenden sonstigen Einrichtung:* gestützt auf die Verwaltungsrahmenvereinbarung zwischen [AKRONYM] und den Dienststellen der Kommission vom [Datum] (im Folgenden „die VRV"),

in der Erwägung, dass die Bereitstellung einer gebührenfreien bevorzugten Anmeldung an Europäischen Schulen für die Kinder von EU-Bediensteten in den Zuständigkeitsbereich des betreffenden europäischen Organs oder der betreffenden sonstigen EU-Einrichtung, das/die diese Bediensteten beschäftigt, im Rahmen seiner/ihrer Verwaltungsautonomie im Sinne von Artikel 54 Absatz 2 Buchstabe e der Verordnung (EU, Euratom) Nr. 966/2012 des Europäischen Parlaments und des Rates vom 25. Oktober 2012 (2) über die Haushaltsordnung für den Gesamthaushaltsplan der Union und zur Aufhebung der Verordnung (EG, Euratom) Nr. 1605/2002 des Rates fällt,

in der Erwägung, dass die Kommission eine EU-Beitragsvereinbarung für die Europäische[n] Schule[n]des Typs II im Sinne des Beschlusses der Kommission, auf den in Artikel 1 Absatz 2 der vorliegenden Vereinbarung verwiesen wird, abschließt, unter die alle Schüler, deren Eltern bei der EU beschäftigt sind und die an [dieser/diesen Schule[n]] angemeldet sind, von [AKRONYM] fallen,

SIND WIE FOLGT ÜBEREINGEKOMMEN:

Artikel 1

Geltungsbereich

(1) Die Zusammenarbeit zwischen [AKRONYM] und der Kommission in Bezug auf die Umsetzung der EU-Beitragsvereinbarung[en], die von der Kommission im Namen von [AKRONYM] mit [der/den] Europäischen Schule[n] des Typs II (im Folgenden „ES Typ II") und/oder der für diese zuständigen nationalen öffentlichen oder privaten Einrichtung (im Folgenden „nationale Einrichtungen"), auf die in Absatz 2 des vorliegenden Artikels verwiesen wird, abgeschlossen wurde[n], unterliegt [*Option im Falle einer bestehenden Rahmenvereinbarung zwischen der Kommission/GD HR und dem betreffenden europäischen Organ oder der sonstigen Einrichtung:* den Bedingungen der VRV und] den Bedingungen der vorliegenden Mandats- und Dienstleistungsvereinbarung (im Folgenden „MDV") [*Option:*, die der VRV als integraler Bestandteil derselben beigefügt ist].

(2) Die vorliegende MDV gilt für die EU-Beitragsvereinbarung[en], die von der Kommission im Namen von [AKRONYM] mit [der/den] folgenden [ES Typ II und/oder nationalen Einrichtung[en]] (im Folgenden „Empfänger") abgeschlossen werden soll[en]:

a) [[offizielle Bezeichnung der ES Typ II] [*oder:* [offizielle Bezeichnung der nationalen Einrichtung] für [offizielle Bezeichnung der ES Typ II]] und deren Anschrift] [.] [*Option*:, und]

b) [[offizielle Bezeichnung der ES Typ II] [oder: [offizielle Bezeichnung der nationalen Einrichtung] für [offizielle Bezeichnung der ES Typ II]] und deren Anschrift] [.] [Option:, und]

c) [...]

(3) Die folgenden Anhänge sind integraler Bestandteil der vorliegenden MDV:

a) Anhang I: Beschluss C(2013) [...] der Kommission vom [...] über die Anwendung des EU-Beitrags, der den vom Obersten Rat der Europäischen Schulen anerkannten Schulen entsprechend der Anzahl der angemeldeten Kinder von EU-Bediensteten gezahlt wird, und zur Ersetzung des Beschlusses der Kommission K(2009) 7719 vom 14. Oktober 2009, geändert durch den Beschluss der Kommission K(2010) 7993 vom 8. Dezember 2010 (im Folgenden „Beschluss der Kommission")

(1) *In der endgültigen Fassung ist der grau hinterlegte Text zu streichen, anzupassen oder durch den entsprechenden Wortlaut zu ersetzen.*
(2) *Amtsblatt der Europäischen Union* (im Folgenden „Amtsblatt") L 298 vom 26.11.2012, S. 3.

b) Anhang II: Endgültiger Entwurf der EU-Beitragsvereinbarung[en] mit [dem/den] Empfänger[n], auf [den/die] in Absatz 2 des vorliegenden Artikels verwiesen wird, wonach den Kindern von EU-Bediensteten von [AKRONYM], Unterzeichner der vorliegenden MDV, eine gebührenfreie bevorzugte Anmeldung zu gewähren ist (im Folgenden „EU-Beitragsvereinbarung[en]").

Artikel 2

Mandat

[AKRONYM] beauftragt die Kommission, vertreten durch den Generaldirektor der Generaldirektion Humanressourcen und Sicherheit (im Folgenden „GD HR"), in ihrem Namen die EU-Beitragsvereinbarung[en] mit [dem/den] Empfänger[n], die als endgültiger Entwurf in Anhang II der vorliegenden MDV beigefügt [ist/sind], abzuschließen und umzusetzen.

Artikel 3

Übermittlung der EU-Beitragsvereinbarung

Nach Abschluss der EU-Beitragsvereinbarung[en] mit [dem/den] Empfänger[n] im Namen von [AKRONYM] übermittelt die Kommission innerhalb von zehn (10) Arbeitstagen nach Unterzeichnung eine unterzeichnete Kopie der EU-Beitragsvereinbarung[en] an [AKRONYM].

Artikel 4

Benennung eines zentralen Ansprechpartners

(1) Durch Austausch von Schreiben zwischen [Bezeichnung der Funktion des gesetzlichen Vertreters von [AKRONYM] und dem Generaldirektor der GD HR benennen diese jeweils einen zentralen Ansprechpartner für alle Fragen im Zusammenhang mit der vorliegenden MDV. Die Benennung erfolgt unter Bezugnahme auf die von der betreffenden Person bekleidete Funktion. Sie kann jederzeit durch einseitige Mitteilung geändert werden.

(2) Der zentrale Ansprechpartner in [AKRONYM] gehört der Abteilung für Humanressourcen an.

(3) Die Parteien der vorliegenden MDV teilen sich gegenseitig und [dem/den] Empfänger[n] die Kontaktdaten des zentralen Ansprechpartners und etwaige diesbezügliche Änderungen mit.

(4) Der benannte Ansprechpartner in der GD HR organisiert mindestens eine jährliche Sitzung mit [AKRONYM] zur Erörterung und Abstimmung von Problempunkten.

(5) Darüber hinaus kommunizieren die zentralen Ansprechpartner miteinander, sofern dies erforderlich ist oder wenn eine Partei dies anfordert, um die Umsetzung der vorliegenden MDV zu überprüfen und verwaltungsbezogene Probleme zu lösen. Gegebenenfalls schlagen sie erforderliche Änderungen an der MDV vor, die durch den [Funktion] von [AKRONYM] und den Generaldirektor der GD HR zu validieren sind.

Artikel 5

Festlegung des Haushalts und Bereitstellung von Mitteln

(1) Für die Vorausschau des Haushalts für das Jahr N + 1 schätzt die Kommission in Zusammenarbeit mit [AKRONYM] sowie auf der Grundlage der Schülerzahlen in Bezug auf Kinder von EU-Bediensteten im Schuljahr N – 1/N die entsprechende Zahl von Schülern, deren Eltern bei der EU beschäftigt sind und voraussichtlich im Schuljahr N + 1/N + 2 angemeldet sein werden, von [AKRONYM] und berechnet den entsprechenden EU-Beitrag gemäß Artikel 5 des Beschlusses der Kommission und Artikel 5 der EU-Beitragsvereinbarung.

(2) Für das Jahr N stellt [AKRONYM] sicher, dass der Betrag, der dem EU-Beitrag für die geschätzte Zahl von Schülern, deren Eltern bei der EU beschäftigt sind, von [AKRONYM] entspricht, im eigenen Haushalt eingestellt wird.

(3) Ungeachtet von Absatz 2 des vorliegenden Artikels stellt [AKRONYM] in Fällen, in denen die Haushaltsbehörde der Europäischen Union die für Europäische Schulen des Typs II eingestellten Mittel kürzt, den anteilig reduzierten Betrag, der der Zahl von Schülern, deren Eltern bei der EU beschäftigt sind, von [AKRONYM] entspricht, im eigenen Haushalt bereit.

Artikel 6

Ermittlung und Mitteilung der Anzahl der Anmeldemonate

(1) [AKRONYM] überprüft die [vom/von den] Empfänger[n] gemäß Artikel 9 des Beschlusses der Kommission empfangenen Daten und berechnet die Anzahl der Anmeldemonate in Bezug auf Schüler, deren Eltern bei der EU beschäftigt sind, für die eigenen Bediensteten in der ES Typ II, auf die in Artikel 1 Absatz 2 der vorliegenden MDV verwiesen wird, gemäß Artikel 2 Absatz 6 des Beschlusses der Kommission.

(2) [AKRONYM] stellt der Kommission und [dem/den] Empfänger[n] vor dem 16. Oktober des Jahres N die folgenden Zahlen in Bezug auf das Schuljahr N/N + 1 zur Verfügung:

a) voraussichtliche Anzahl der Anmeldemonate während des Schuljahres N/N + 1 in Bezug auf Schüler, deren Eltern bei der EU beschäftigt sind und die in anerkannten Stufen im Kindergarten- und Primarbereich angemeldet sind

b) voraussichtliche Anzahl der Anmeldemonate während des Schuljahres N/N + 1 in Bezug auf Schüler, deren Eltern bei der EU beschäftigt sind und die in anerkannten Stufen im Sekundarbereich angemeldet sind.

(3) [AKRONYM] stellt der Kommission und [dem/den] Empfänger[n] vor dem 16. August des Jahres N die folgenden Zahlen in Bezug auf das Schuljahr N – 1/N zur Verfügung:

a) tatsächliche Anzahl der Anmeldemonate während des Schuljahres N/N + 1 in Bezug auf Schüler, deren Eltern bei der EU beschäftigt sind und die in anerkannten Stufen im Kindergarten- oder Primarbereich angemeldet sind

b) tatsächliche Anzahl der Anmeldemonate während des Schuljahres N/N + 1 in Bezug auf Schüler, deren Eltern bei der EU beschäftigt sind und die in anerkannten Stufen im Sekundarbereich angemeldet sind.

Artikel 7

Zahlungsaufforderung der Kommission

(1) Im ersten Semester des Jahres N legt die Kommission [AKRONYM] eine Lastschriftanzeige für die Zahlung des veranschlagten Betrags gemäß Artikel 5 der MDV vor.

(2) Auf der Grundlage der Informationen, die von [AKRONYM] gemäß Artikel 6 der vorliegenden Vereinbarung eingegangen sind, berechnet die Kommission, ob der [AKRONYM] belastete Betrag dem EU-Beitrag gemäß Artikel 8 der vorliegenden MDV entspricht. Mögliche Differenzen werden in der Lastschriftanzeige für das Jahr N + 1 verrechnet.

(3) Die Kosten der Dienstleistungen im Zusammenhang mit der Bereitstellung von grundlegender Beratung und der regelmäßigen Berechnung und Zahlung der EU-Beiträge für Kinder von EU-Bediensteten von [AKRONYM] werden nicht in Rechnung gestellt.

(4) [*Option:* Wenn die Umsetzung des EU-Beitrags im Namen von [ACRONYM] bei der Kommission einen außergewöhnlichen zusätzlichen Aufwand verursacht (z. B. im Falle einer Einziehungsanordnung) oder [AKRONYM] für Fehler oder Verzögerungen verantwortlich ist, bei denen die Kommission [vom/von den] Empfänger[n] haftbar gemacht wird, legt die Kommission eine separate ausführliche Rechnung vor, die auf der Grundlage der tatsächlich benötigten zusätzlichen Vollzeitäquivalenten, die basierend auf den Kosten eines Vertragsbediensteten der Funktionsgruppe II berechnet werden, erstellt wird.]

(5) [AKRONYM] zahlt innerhalb von 45 Kalendertagen nach Eingang der Zahlungsaufforderung den in Rechnung gestellten Betrag auf das angegebene Bankkonto ein. Der Betrag wird der GD HR als zugewiesene Einnahme im Rahmen der Haushaltslinie „26.017031 — Europäische Schulen des Typs 2" zur Verfügung gestellt. [*Option:* Der angefallene Betrag gemäß Absatz 4 des vorliegenden Artikels wird auf das angegebene Bankkonto eingezahlt und im Rahmen der Haushaltslinie, über die diese zusätzlichen Kosten finanziert wurden (d. h. die Gehaltslinie XX.1010101 oder den auf den Vertragsbediensteten entfallenden Teil der Gesamtmittelausstattung der GD HR) als zugewiesene Einnahme zur Verfügung gestellt.] [*Option:*, und unterliegt den Leitlinien gemäß Artikel … der VRV]].

Artikel 8

Berechnung und Zahlung des EU-Beitrags an den Empfänger

(1) Die Kommission berechnet gemäß Artikel 5 und 6 des Beschlusses der Kommission und Artikel 5 und 6 der EU-Beitragsvereinbarung den Betrag, der im Namen von [AKRONYM] an [den/die] Empfänger auf der Grundlage der von [AKRONYM] gemäß Artikel 6 der vorliegenden MDV bereitgestellten Zahlen zu zahlen ist.

(2) Gemäß Artikel 8 des Beschlusses der Kommission zahlt die Kommission bis zum 31. Dezember des Jahres N den vorhergesagten Vorfinanzierungsbetrag für das Schuljahr N/N + 1, der entsprechend der endgültigen Zahlung für das vorherige Schuljahr angepasst wurde, an [den/die] Empfänger und setzt [den/die] Empfänger und [AKRONYM] hiervon in Kenntnis.

Artikel 9

Bereitstellung von Dienstleistungen, Zusammenarbeit und Kommunikation

(1) [AKRONYM] und die Kommission verpflichten sich, [*Option:* die VRV und] die vorliegende MDV im Sinne einer engen Zusammenarbeit umzusetzen, und nehmen zur Kenntnis, dass eine eindeutige Kommunikation von wesentlicher Bedeutung ist. [AKRONYM] und die Kommission tauschen notwendige und fristgerechte Informationen, die eine problemlose Zusammenarbeit sowie eine verlässliche Berichterstattung zu Haushaltszwecken gewährleisten, aus.

(2) [AKRONYM] setzt die eigenen Bediensteten zeitnah und umfassend über die Möglichkeit und die Bedingungen der Bereitstellung einer gebührenfreien bevorzugten Anmeldung an den Europäischen Schulen des Typs II, auf die in Artikel 1 Absatz 2 der vorliegenden MDV verwiesen wird, in Kenntnis.

Artikel 10

Mitteilung von Fehlern und Unstimmigkeiten

(1) [AKRONYM] setzt den zentralen Ansprechpartner, der gemäß Artikel 4 Absatz 1 der vorliegenden MDV benannt wurde, von Fehlern und Unstimmigkeiten im Zusammenhang mit den von der Kommission im Rahmen der vorliegenden MDV erbrachten Dienstleistungen in Kenntnis.

(2) Die Kommission setzt den zentralen Ansprechpartner von [AKRONYM], der gemäß Artikel 4 Absatz 1 der vorliegenden MDV benannt wurde, von Fehlern und/oder Unstimmigkeiten im Zusammenhang mit den von [AKRONYM] bereitgestellten Daten in Kenntnis.

(3) In seiner Stellungnahme zu dieser Mitteilung gibt der zentrale Ansprechpartner den Grund für den Fehler oder die Unstimmigkeit sowie die vorgeschlagene Lösung und das Datum, bis zu dem diese Lösung umgesetzt wird, an. Falls diese Informationen nicht unverzüglich bereitgestellt werden können, wird [AKRONYM] beziehungsweise die Kommission über die ergriffenen Maßnahmen auf dem Laufenden gehalten.

Artikel 11

Zusammenarbeit im Falle von Schadensereignissen oder des Risikos von Schadensereignissen

(1) Sämtliche Fragen in Bezug auf die Folgen von Schadensereignissen, die im Zusammenhang mit der Umsetzung der vorliegenden MDV auftreten, werden unter Berücksichtigung der Rolle von [AKRONYM] als beteiligte Partei und Aufsichtsführender über die bereitzustellenden Dienstleistungen und der sich daraus ergebenen Haftung gelöst.

(2) Falls die Umsetzung der vorliegenden MDV Schäden an Vermögenswerten der Kommission oder von [AKRONYM] oder an Interessen von Dritten verursacht oder zu verursachen droht, halten sich die Kommission und [AKRONYM] gegenseitig auf dem Laufenden und ergreifen notwendige Maßnahmen zur Schadensbegrenzung.

(3) Falls die Kommission oder [AKRONYM] von Dritten haftbar gemacht wird, setzen sich die Kommission und [AKRONYM] bezüglich der zu vertretenden Linie ins Benehmen.

Artikel 12

Beilegung von Streitigkeiten

(1) [AKRONYM] vertritt die Europäische Union im Falle von Streitigkeiten zwischen [AKRONYM] und dem Schüler und/oder seinem gesetzlichen Vertreter oder zwischen [AKRONYM] und [dem/den] Empfänger[n] in Bezug auf die Zugangsberechtigungen von Schülern, deren Eltern bei der EU beschäftigt sind, oder die Anzahl der Anmeldemonate als Schüler, deren Eltern bei der EU beschäftigt sind.

(2) Die Kommission vertritt die Europäische Union im Falle von Streitigkeiten zwischen der Kommission und [dem/den] Empfänger[n] in Bezug auf die Berechnung des zahlbaren Betrags oder des von [dem/den] Empfänger[n] einzuziehenden Betrags, wobei die Zugangsberechtigungen von Schülern, deren Eltern bei der EU beschäftigt sind, sowie die Anzahl der Anmeldemonate als Schüler, deren Eltern bei der EU beschäftigt sind, unstrittig sind.

(3) Im Falle von Streitigkeiten zwischen den Parteien der vorliegenden Vereinbarung über deren Auslegung oder Umsetzung gilt Folgendes:

a) Die Parteien versuchen, im Sinne einer guten Zusammenarbeit zunächst auf Dienststellenebene, dann auf der Ebene des [Bezeichnung der Funktion des gesetzlichen Vertreters] von [AKRONYM] und des Generaldirektors der GD HR zu einer gütlichen Einigung zu gelangen.

b) Falls keine gütliche Einigung erzielt werden kann, können die Parteien die Streitigkeit einem von beiden Parteien gemeinsam benannten und akzeptierten Schiedsrichter vorlegen, dessen Entscheidung für die Parteien verbindlich ist.

Artikel 13

Datenschutz

Die Parteien der vorliegenden MDV gewährleisten, dass die Datenschutzvorschriften gemäß der Verordnung (EG) Nr. 45/2001 des Europäischen Parlaments und des Rates bei der Bearbeitung der [vom/von den] Empfänger[n] erhaltenen Daten strikt eingehalten werden.

Artikel 14

Änderungen

Änderungen der vorliegenden MDV bedürfen einer schriftlichen Zusatzvereinbarung zwischen dem [Bezeichnung der Funktion des gesetzlichen Vertreters] von [AKRONYM] und dem Generaldirektor der GD HR.

Artikel 15

Laufzeit und Verlängerung

(1) Die vorliegende MDV tritt mit der Unterzeichnung durch die Parteien in Kraft und läuft mit [der/den] EU-Beitragsvereinbarung[en] ab, die mit [dem/den] Empfänger[n] abzuschließen [ist/sind] und deren endgültiger Entwurf in Anhang I der vorliegenden Vereinbarung beigefügt ist.

(2) Die vorliegende MDV wird stillschweigend verlängert und wird anwendbar auf Handlungen in Bezug auf die stillschweigend verlängerte[n] EU-Beitragsvereinbarung[en] gemäß Absatz 1 des vorliegenden Artikels, außer wenn [Bezeichnung der Funktion des gesetzlichen Vertreters] von [AKRONYM] den Generaldirektor de GD HR sechs (6) Monate vor Ablauf der bestehenden EU-Beitragsvereinbarung davon in Kenntnis setzt, dass [AKRONYM] nicht wünscht, dass sie sich auf eine weitere EU-Beitragsvereinbarung erstreckt.

(3) Ungeachtet von Absatz 2 des vorliegenden Artikels können beide Parteien die vorliegende MDV für das Schuljahr N/N + 1 durch Kündigung zum 15. Januar des Jahres N kündigen.

(4) Das gemäß Artikel 2 erteilte Mandat zum Handeln im Namen von [AKRONYM] gilt für alle Handlungen im Zusammenhang mit diese[r/n] EU-Beitragsvereinbarung[en], unabhängig von deren Ablauf sowie dem Ablauf der vorliegenden MDV.

[Name], [Bezeichnung der Funktion des gesetzlichen Vertreters] von [AKRONYM]

[Unterschrift]

Ort: ....

Datum: ....

[Name], Generaldirektor der GD HR

[Unterschrift]

Ort: ....

Datum: ....

ANHANG II

[MUSTER] [1]

EU-Beitragsvereinbarung

Diese Vereinbarung wird geschlossen zwischen:

der Europäischen Union, vertreten durch die Europäische Kommission (im Folgenden „die Kommission"), zur Unterzeichnung der vorliegenden Vereinbarung vertreten durch [vollständiger Name], Generaldirektor der GD HR, einerseits

und

[offizielle Bezeichnung der Europäischen Schule des Typs II oder der zuständigen nationalen öffentlichen oder privaten Einrichtung] (im Folgenden „der Empfänger"), zur Unterzeichnung der vorliegenden Vereinbarung vertreten durch [Bezeichnung der Funktion des gesetzlichen Vertreters], [Name des gesetzlichen Vertreters], andererseits

[Der folgende Anhang ist/Die folgenden Anhänge sind] integraler Bestandteil der Vereinbarung:

Anhang I: Beschluss C(2013) [...] der Kommission vom [...] über die Anwendung des EU-Beitrags, der den vom Obersten Rat der Europäischen Schulen anerkannten Schulen entsprechend der Anzahl der angemeldeten Kinder von EU-Bediensteten gezahlt wird, und zur Ersetzung des Beschlusses der Kommission K(2009) 7719 vom 14. Oktober 2009, geändert durch den Beschluss der Kommission K(2010) 7993 vom 8. Dezember 2010.

[*Falls zutreffend:* Anhang II: Mandats- und Dienstleistungsvereinbarung[en], abgeschlossen durch die Kommission mit [dem/den] anderen europäischen Organ[en] oder [der/den] sonstigen Einrichtung[en] gemäß Artikel 1 der vorliegenden EU-Beitragsvereinbarung]

PRÄAMBEL

(1) In der Erwägung, dass die Europäische Union das europäische Schulwesen für die Kinder seiner Bediensteten unterstützt,

(2) dass diese Politik bestätigt wird durch den Beitrag der Europäischen Union zu den Europäischen Schulen im Sinne der Vereinbarung über die Satzung der Europäischen Schulen [2] und ihre Politik in Bezug auf die Familien der Bediensteten der europäischen Organe und sonstigen Einrichtungen, insbesondere Anhang VII Artikel 3 des Statuts der Beamten und der Beschäftigungsbedingungen für die sonstigen Bediensteten der Europäischen Gemeinschaften, wonach eine doppelte Erziehungszulage gewährt wird, wenn sich in einem Umkreis von 50 km vom Ort der dienstlichen Verwendung keine Europäische Schule befindet,

(3) dass durch den Beschluss des Obersten Rates der Europäischen Schulen vom 23. April 2009 über die Reform des Systems der Europäischen Schulen [3] das System der Europäischen Schulen für Schulen geöffnet wurde, die den europäischen Lehrplan und in einigen Fällen das Europäische Abitur anbieten, und per Beschluss des Obersten Rates, in dem bestätigt wird, dass sie verschiedene Bedingungen in Bezug auf die Lehranforderungen und die Bildungsqualität erfüllen, anerkannt sind,

(4) dass der Oberste Rat der Europäischen Schulen in seiner Sitzung vom 18. April 2013 seinen Beschluss vom 23. April 2009 und die zugehörigen Rechtsdokumente in Bezug auf den Beitrag der Europäischen Union zu anerkannten Europäischen Schulen, die schulische Bildung für die Kinder der EU-Bediensteten anbieten, aufgehoben und diesen Beschluss durch eine Verordnung über anerkannte Europäische Schulen, in der keine Rechtsgrundlage für einen EU-Beitrag zu anerkannten Europäischen Schulen mehr enthalten ist, ersetzt hat [4],

(5) dass die europäische Kommission einen EU-Beitrag im eigenen Namen oder im Namen eines anderen europäischen Organs oder einer sonstigen Einrichtung zahlt, das/die eine gebührenfreie bevorzugte Anmeldung der Kinder seiner/ihrer Bediensteten gegen Zahlung eines solchen Beitrags im Rahmen seiner/ihrer Verwaltungsautonomie im Sinne von Artikel 54 Absatz 2 Buchstabe e der Verordnung (EU, Euratom) Nr. 966/2012 des Europäischen Parlaments und des Rates vom 25. Oktober 2012 [5] über die Haushaltsordnung für den Gesamthaushaltsplan der Union und zur Aufhebung der Verordnung (EG, Euratom) Nr. 1605/2002 sicherstellen möchte,

(6) dass die Europäische Kommission den EU-Beitrag gemäß dem Beschluss C(2013) [...] der Kommission vom [...] über die Anwendung des EU-Beitrags, der den vom Obersten Rat der Europäischen Schulen anerkannten Schulen entsprechend der Anzahl der angemeldeten Kinder von EU-Bediensteten gezahlt wird, und zur Ersetzung des Beschlusses der Kommission K(2009) 7719 vom 14. Oktober 2009, geändert durch den Beschluss der Kommission K(2010) 7993 vom 8. Dezember 2010, direkt an anerkannte Europäische Schulen, die Schülern, deren Eltern bei der EU beschäftigt sind, eine gebührenfreie bevorzugte Anmeldung gewähren, oder an die zuständigen nationalen öffentlichen oder privaten Einrichtungen zahlt,

---

[1] In der endgültigen Fassung ist der grau hinterlegte Text zu streichen, anzupassen oder durch den entsprechenden Wortlaut zu ersetzen.
[2] ABl. L 212 vom 17.8.1994, S. 3.
[3] Dokumente 2009-D-353-de-4 und 2009-D-681-de-1 des Büros des Generalsekretärs der Europäischen Schulen.
[4] Dokument 2013-01-D-64-en-4 des Büros des Generalsekretärs der Europäischen Schulen.
[5] ABl. L 298 vom 26.11.2012, S. 3.

GESTÜTZT AUF

den Beschluss C(2013) [...] der Kommission vom [...] über die Anwendung des EU-Beitrags, der den vom Obersten Rat der Europäischen Schulen anerkannten Schulen entsprechend der Anzahl der angemeldeten Kinder von EU-Bediensteten gezahlt wird, und zur Ersetzung des Beschlusses der Kommission K(2009) 7719 vom 14. Oktober 2009, geändert durch den Beschluss der Kommission K(2010) 7993 vom 8. Dezember 2010,

die Vereinbarung[en] über Anerkennung und Zusammenarbeit, die am [...] [*falls zutreffend:* und am [...] zwischen dem Generalsekretär der Europäischen Schulen als Vertreter des Systems der Europäischen Schulen und [Bezeichnung der Funktion] als Vertreter der Europäischen Schule[n] des Typs II, die in Artikel 1 der vorliegenden EU-Beitragsvereinbarung, insbesondere Artikel [...], genannt [wird/werden], unterzeichnet *und/oder* am [...] verlängert wurde[n]

VEREINBAREN DIE PARTEIEN FOLGENDES:

Artikel 1

Geltungsbereich

(1) Die vorliegende Vereinbarung (im folgenden „EU-Beitragsvereinbarung") gilt für [das/die folgende[n]] Organ[e] [*falls zutreffend:* und] sonstige Einrichtungen] der Europäischen Union (im Folgenden „die europäischen Organe [*falls zutreffend:* und sonstigen Einrichtungen]"):

a) [die Kommission [*falls zutreffend:* und]]

b) [*falls zutreffend:* vollständige Bezeichnung und Anschrift des europäischen Organs oder der sonstigen Einrichtung, bei dem/der den Kindern von EU- Bediensteten die gebührenfreie bevorzugte Anmeldung in [der/den] Europäischen Schule[n] des Typs II gemäß Absatz 2 des vorliegenden Artikels gewährt werden soll, und mit denen die Kommission eine MDV, die in Anhang II der vorliegenden EU-Beitragsvereinbarung beigefügt ist, abgeschlossen hat (im Folgenden „sonstige europäische Einrichtung")] [*falls zutreffend:*, und]

c) [...]

(2) Die vorliegende EU-Beitragsvereinbarung gilt für die folgende[n] Schule[n] (im Folgenden „betreffende Europäische Schule[n] des Typs II"):

a) [offizielle Bezeichnung und vollständige Anschrift der betreffenden Europäischen Schule des Typs II]

b) [falls zutreffend: [offizielle Bezeichnung und vollständige Anschrift der betreffenden Europäischen Schule des Typs II]

Artikel 2

Gegenstand

Mit der vorliegenden Vereinbarung sollen die Verfahren für die Zahlung und Prüfung des EU-Beitrags für jedes Kind eines Bediensteten eines europäischen Organs und/oder einer sonstigen europäischen Einrichtung gemäß Artikel 1 Absatz 1 der vorliegenden EU-Beitragsvereinbarung, dem die gebührenfreie bevorzugte Anmeldung in [der/den] betreffenden Europäischen Schule[n] des Typs II gewährt wird, festgelegt werden.

Artikel 3

Begriffsbestimmungen

Zum Zwecke der vorliegenden EU-Beitragsvereinbarung gelten die folgenden Begriffsbestimmungen:

(1) Eine „anerkannte Europäische Schule" ist eine Schule in einem Mitgliedstaat der Europäischen Union, die vom Obersten Rat der Europäischen Schulen die Berechtigung zur Europäischen Beschulung erhalten hat.

(2) Der „Anerkennungszeitraum" und die „anerkannte Stufe" sind der Zeitraum beziehungsweise die Stufe, für den beziehungsweise die die Berechtigung zur europäischen Beschulung durch den Obersten Rat gilt.

(3) „Schüler, deren Eltern bei der EU beschäftigt sind" sind im Sinne der vorliegenden EU-Beitragsvereinbarung Kinder, einschließlich Waisen, von:

a) Mitgliedern oder früheren Mitgliedern der Organe der Europäischen Union,

b) Bediensteten im aktiven Dienst oder Pensionären der Organe und sonstigen Einrichtungen der Europäischen Union, die Anspruch auf eine Erziehungszulage gemäß Anhang VII Artikel 3 Absatz 1 des Statuts der Beamten und der Beschäftigungsbedingungen für die sonstigen Bediensteten der Europäischen Gemeinschaften ([6]) (im Folgenden „Statut") haben.

(4) Die „einfache jährliche Erziehungszulage" ist der Betrag, der dem Zwölffachen (12-fachen) der maximalen monatlichen Erziehungszulagen gemäß Anhang VII Artikel 3 Absatz 1 des Statuts, die jeweils zu Beginn des betreffenden Schuljahres anwendbar sind, entspricht.

(5) Ein „Schuljahr" ist der 10-Monats-Zeitraum zwischen dem 1. September des Jahres N und dem 30. Juni des Jahres N + 1, der als Grundlage für die Berechnung des EU-Beitrags dient.

([6]) ABl. L 348 vom 29.12.2009, S. 10.

(6) Ein „Anmeldemonat" ist ein Kalendermonat während des Schuljahres, in dem der betreffende Schüler, dessen Eltern bei der EU beschäftigt sind, an der betreffenden Europäischen Schule des Typs II angemeldet war.

(7) „Europäische Schulen des Typs I" sind Schulen im Sinne der Vereinbarung über die Satzung der Europäischen Schulen (7).

(8) „Europäische Schulen des Typs II" sind anerkannte Europäische Schulen, an denen Schülern, deren Eltern bei der EU beschäftigt sind, eine gebührenfreie bevorzugte Anmeldung gewährt wird. Die Schule[n], auf die in Artikel 1 Absatz 2 der vorliegenden EU-Beitragsvereinbarung verwiesen wird, [ist eine/sind] solche Schule[n].

(9) Der „Empfänger" ist die Europäische Schule des Typs II oder die dafür zuständige nationale öffentliche oder private Einrichtung, die einen EU-Beitrag im Gegenzug dafür erhält, dass sie Schülern, deren Eltern bei der EU beschäftigt sind, eine gebührenfreie bevorzugte Anmeldung an der betreffenden Europäischen Schule des Typs II gewährt.

(10) Der „EU-Beitrag" ist der Beitrag, den die Kommission gemäß der vorliegenden EU-Beitragsvereinbarung pro Schüler, dessen Eltern bei der EU beschäftigt sind und der während des Anerkennungszeitraums in anerkannten Stufen an [der/den] Europäischen Schule[n] des Typs II angemeldet ist, sowie entsprechend der Dauer der tatsächlichen Anmeldung an den Empfänger zahlt.

(11) Eine „EU-Beitragsvereinbarung" ist eine Vereinbarung, die die Kommission im eigenen Namen und/oder basierend auf einer gültigen Mandats- und Dienstleistungsvereinbarung im Namen eines anderen europäischen Organs oder einer sonstigen Einrichtung in Bezug auf die Berechnung und die Bedingungen für die Zahlung und möglicherweise Einziehung eines EU-Beitrags mit dem Empfänger abgeschlossen hat.

[Falls zutreffend: (12) Eine „Mandats- und Dienstleistungsvereinbarung" (im Folgenden „MDV") ist eine Vereinbarung zwischen der Kommission und einem anderen europäischen Organ oder einer sonstigen europäischen Einrichtung, in der Letztgenannte die Kommission beauftragen, in ihrem Namen EU-Beitragsvereinbarungen mit Empfängern, die Schülern, deren Eltern bei der EU beschäftigt sind, eine gebührenfreie bevorzugte Anmeldung gewähren, abzuschließen und umzusetzen, und sich zur Übernahme der Kosten, die der Kommission in diesem Zusammenhang entstehen, verpflichten. Die Kopie[n] der MDV mit [der/den] sonstigen europäischen Einrichtung[en], die in den Geltungsbereich der vorliegenden EU-Beitragsvereinbarung fallen, [ist/sind] in Anhang II beigefügt.]

Artikel 4

Zahlungsbedingungen für den EU-Beitrag

Die Kommission zahlt unter den nachfolgenden Bedingungen für den Anerkennungszeitraum sowie für die anerkannten Stufen an den Empfänger einen EU-Beitrag, der gemäß Artikel 5 und 6 des Beschlusses der Kommission und Artikel 5 und 6 der vorliegenden EU-Beitragsvereinbarung berechnet wird:

a) Der Empfänger befreit Schüler, deren Eltern bei der EU beschäftigt sind, von sämtlichen Schulgebühren und gewährt ihnen Vorrang bei der Anmeldung [an [der/den] Europäischen Schule[n] des Typs II gemäß Artikel 1 Absatz 2 der vorliegenden EU-Beitragsvereinbarung].

b) Der Empfänger gewährleistet die Erfassung und Bereitstellung der für die Überprüfung, Berechnung und Zahlung des EU-Beitrags notwendigen Zahlen und Daten innerhalb der in Artikel 8 des Beschlusses der Kommission und Artikel 7 der vorliegenden EU-Beitragsvereinbarung vorgesehenen Frist gegenüber der Kommission [[*falls zutreffend:* [und [der/den] sonstigen europäischen Einrichtung[en]]. Der Empfänger gewährleistet die Erfassung und Aufbewahrung der erforderlichen Dokumente und Daten für die Überprüfung der unter Buchstabe b des vorliegenden Absatzes genannten Zahlen und Daten.

Artikel 5

Berechnung des EU-Beitrags

Gemäß Artikel 5 des Beschlusses der Kommission wird der EU-Beitrag wie folgt berechnet:

a) Für Schüler, deren Eltern bei der EU beschäftigt sind und die in anerkannten Stufen im Kindergarten- und Primarbereich angemeldet sind:

$$\frac{\text{(dem Zweifachen der einfachen jährlichen Erziehungszulage für das Jahr N} - 1 \text{ entsprechender Betrag)} \times \text{Anzahl der Anmeldemonate}}{10}$$

b) Für Schüler, deren Eltern bei der EU beschäftigt sind und die in anerkannten Stufen im Sekundarbereich angemeldet sind:

$$\frac{\text{(dem Dreifachen der einfachen jährlichen Erziehungszulage für das Jahr N} - 1 \text{ entsprechender Betrag)} \times \text{Anzahl der Anmeldemonate}}{10}$$

Artikel 6

Konditionalität des EU-Beitrags

(1) Wenn gemäß Artikel 6 des Beschlusses der Kommission die Mittel, die durch die Haushaltsbehörde der Europäischen Union in den Haushalt der Organe der Europäischen Union eingestellt wurden, für die Deckung des gemäß Artikel 5 des Beschlusses der Kommission und Artikel 5 der vorliegenden EU-Beitragsvereinbarung festgesetzten EU-Beitrags nicht ausreichen, kann der EU-Beitrag von [*falls zutreffend:* der Kommission] [*falls zutreffend:* [und] [der sonstigen europäischen Einrichtung[en], die von der unzureichenden Mitteleinstellung betroffen [ist/sind], anteilig reduziert werden. In diesem Fall gilt Folgendes:

(7) Vgl. Fußnote 2.

a) Die Kommission setzt den Empfänger von der Situation in Kenntnis und bietet ihm vor dem 15. Februar des Jahres N (Versanddatum) den reduzierten Beitrag pro Schüler für das Schuljahr N/N + 1 an.

b) Die Kommission kündigt die EU-Beitragsvereinbarung beziehungsweise verlängert diese nicht, falls der Empfänger das Angebot nicht bis zum 30. April des Jahres N (Versanddatum) angenommen hat.

(2) Falls der Haushalt der Europäischen Union oder des Organs am 1. Januar eines gegebenen Jahres nicht verabschiedet ist und die der Kommission oder dem betreffenden Organ zur Verfügung gestellten Mittel demzufolge gemäß Artikel 16 der Verordnung (EU, Euratom) Nr. 966/2012 auf ein Zwölftel der im Haushalt des vorherigen Haushaltsjahres verfügbaren Mittel begrenzt werden, wird die Zahlung monatlich basierend auf dem im Vorjahr gezahlten Jahresbeitrag vorgenommen.

(3) Verzugszinsen sind von Rechts wegen gemäß Artikel 83 der delegierten Verordnung (EU) Nr. 1268/2012 der Kommission vom 29. Oktober 2012 über die Anwendungsbestimmungen für die Verordnung (EU, Euratom) Nr. 966/2012 des Europäischen Parlaments und des Rates über die Haushaltsordnung für den Gesamthaushaltsplan der Union zahlbar [8].

Artikel 7

Bereitstellung der erforderlichen Daten für die Berechnung des EU-Beitrags

(1) Unter Einhaltung der geltenden Datenschutzvorschriften sowie gemäß Artikel 9 des Beschlusses der Kommission gewährleistet der Empfänger die Erfassung und Bereitstellung der folgenden Daten in Bezug auf das Schuljahr N/N + 1 vor dem 16. September des Jahres N gegenüber [*falls zutreffend:* der Kommission] [*falls zutreffend:* [und] [[der/den] sonstigen europäischen Einrichtung[en]]:

a) vollständiger Name des/der bei der EU beschäftigten Elternteils/Elternteile des/der angemeldeten Schüler(s)

b) Benennung des EU-Organs oder der sonstigen EU-Einrichtung, über das/die der/die bei der EU beschäftigte(n) Elternteil(e) des/der angemeldeten Schüler(s seinen/ihren Status ableitet/ableiten;

c) vollständiger Name des/der angemeldeten Schüler(s), dessen/deren Eltern bei der EU beschäftigt sind;

d) anerkannte Stufe im Kindergarten-, Primar- oder Sekundarbereich, in der der Schüler, dessen Eltern bei der EU beschäftigt sind, angemeldet ist;

e) voraussichtliche Anzahl der Anmeldemonate für jeden zugangsberechtigten Schüler, dessen Eltern bei der EU beschäftigt sind und der in einer Stufe im Kindergarten-, Primar- oder Sekundarbereich angemeldet ist.

(2) Unter Einhaltung der geltenden Datenschutzvorschriften gewährleistet der Empfänger die Erfassung und Bereitstellung der folgenden Daten in Bezug auf das Schuljahr N/N + 1 vor dem 16. Juli des Jahres N + 1 gegenüber [*falls zutreffend:* der Kommission] [*falls zutreffend:* [und] [[der/den] sonstigen europäischen Einrichtung[en]]:

a) vollständiger Name des/der bei der EU beschäftigten Elternteils/Elternteile des/der angemeldeten Schüler(s);

b) Benennung des EU-Organs oder der sonstigen EU-Einrichtung, über das/die der/die bei der EU beschäftigte(n) Elternteil(e) des/der angemeldeten Schüler(s seinen/ihren Status ableitet/ableiten;

c) vollständiger Name des/der angemeldeten Schüler(s), dessen/deren Eltern bei der EU beschäftigt sind;

d) anerkannte Stufe im Kindergarten-, Primar- oder Sekundarbereich, in der der Schüler, dessen Eltern bei der EU beschäftigt sind, angemeldet ist;

e) tatsächliche Anzahl der Anmeldemonate während des Schuljahres N/N + 1 für jeden berechtigten Schüler, dessen Eltern bei der EU beschäftigt sind und der in einer Stufe im Kindergarten-, Primar- oder Sekundarbereich angemeldet ist.

Artikel 8

Modalitäten der Beitragszahlung

(1) Der Beitrag wird unter Verwendung der folgenden Bankverbindung direkt auf ein Bankkonto des Empfängers überwiesen und in [Euro/andere nationale Währung im Falle von Bankkonten in Ländern, die keine Überweisungen in Euro akzeptieren] [9] ausgewiesen:

Name der Bank: [...]

Anschrift der Zweigstelle: [...]

Genauer Name des Kontoinhabers: [...]

Vollständige Kontonummer (einschließlich Bankleitzahlen): [...]

---

[8] ABl. L 362 vom 31.12.2012, S. 1.
[9] Entsprechend dem von der betreffenden Bank ausgestellten oder bestätigten Dokument mit den Kontoangaben.

[IBAN-Code dieses Kontos und BIC der Bank: [...] oder nur BIC bei Ländern, in denen der IBAN-Code nicht gilt].

(2) Bis zum 31. Dezember des Haushaltsjahres N wird basierend auf den Daten und indikativen Zahlen, die gemäß Artikel 9 Absatz 1 des Beschlusses der Kommission und Artikel 7 Absatz 1 der vorliegenden EU-Beitragsvereinbarung zu Beginn dieses Schuljahrs vorgelegt wurden, zusammen mit der endgültigen Zahlung für das Schuljahr N – 1/N eine Vorfinanzierungszahlung für das Schuljahr N/N + 1 geleistet.

(3) Die endgültige Zahlung für das Schuljahr N – 1/N basiert auf den endgültigen Daten und Zahlen, die gemäß Artikel 9 Absatz 2 des Beschlusses der Kommission und Artikel 7 Absatz 2 der vorliegenden EU-Beitragsvereinbarung bereitgestellt wurden, und wird um die für dasselbe Schuljahr gezahlte Vorfinanzierung reduziert.

(4) Die endgültige Zahlung für das Schuljahr N – 1/N wird mit der Vorfinanzierungszahlung für das Schuljahr N/N + 1 verrechnet.

Artikel 9

Geheimhaltungspflicht

(1) Die Kommission und der Empfänger verpflichten sich, über als vertraulich eingestufte Dokumente, Informationen oder sonstige Unterlagen, die mit der vorliegenden EU-Beitragsvereinbarung unmittelbar in Zusammenhang stehen und deren Verbreitung der anderen Partei Schaden zufügen könnte, Stillschweigen zu bewahren.

(2) [*Falls zutreffend:* [Die sonstige[n] europäische[n] Einrichtung[en] [haftet/haften] für die Wahrung der Geheimhaltungspflicht gemäß Absatz 1 des vorliegenden Artikels], insbesondere bei Daten, die gemäß Artikel 7 der vorliegenden EU-Beitragsvereinbarung empfangen wurden.]

(3) [*Falls zutreffend:* [Der Empfänger sorgt dafür, dass die betreffende[n] Europäische[n] Schule[n] des Typs II die Geheimhaltungspflicht gemäß Absatz 1 des vorliegenden Artikels [einhält/einhalten], und kann haftbar gemacht werden, wenn die betreffende[n] Europäische[n] Schule[n] des Typs II gegen diese Pflicht [verstößt/verstoßen].]

Artikel 10

Anpassung, Aussetzung, Einstellung der Zahlungen und Einziehung

(1) Falls entsprechend den Zahlen, die am Ende des Schuljahres N/N + 1 vorgelegt werden, die Anzahl der Anmeldemonate der Schüler, deren Eltern bei der EU beschäftigt sind, von der Vorhersage abweicht, wird der EU-Beitrag angepasst und wie folgt gezahlt:

a) Ist die Anzahl höher als in der Vorhersage, wird ein entsprechender zusätzlicher EU-Beitrag, ggf. zusammen mit der Vorfinanzierungszahlung für das Jahr N + 1/N + 2, gezahlt.

b) Ist die Anzahl niedriger als in der Vorhersage, werden die fälschlicherweise für das Schuljahr N/N + 1 bezahlten Beträge eingezogen, ggf. durch Verrechnung mit der Vorfinanzierungszahlung für das Jahr N + 1/N + 2.

(2) Falls im Zuge der Kontrollen, die durch das System der Europäischen Schulen vor Verlängerung der Anerkennung, die in der in der Präambel der vorliegenden EU-Beitragsvereinbarung genannten Vereinbarung über Anerkennung und Zusammenarbeit vorgesehen ist, gravierende Mängel im erteilten Unterricht zu Tage treten, aufgrund derer die Vereinbarung wahrscheinlich nicht verlängert wird, kann die Zahlung des EU-Beitrags ausgesetzt werden.

(3) Wenn die Anerkennung der betreffenden Europäischen Schule des Typs II entzogen wird oder der Empfänger die vorliegende EU-Beitragsvereinbarung im Sinne von Artikel 12 der vorliegenden EU-Beitragsvereinbarung nicht ordnungsgemäß kündigt, stellt die Kommission sämtliche Zahlungen zu dem Datum, an dem die Entziehung der Anerkennung oder die unzulässige Kündigung wirksam werden, ein und zieht die fälschlicherweise gezahlten Beträge anteilig bezogen auf dieses Datum ein.

(4) Wenn die Überprüfung im Rahmen einer Kontrolle oder Prüfung gemäß Artikel 11 der vorliegenden EU-Beitragsvereinbarung zu dem Ergebnis führt, dass die gemäß Artikel 7 der vorliegenden EU-Beitragsvereinbarung bereitgestellten Zahlen falsch sind oder jeglicher Grundlage entbehren oder sonstige Zahlungsbedingungen im Sinne von Artikel 4 der vorliegenden EU-Beitragsvereinbarung nicht erfüllt wurden, zieht die Kommission die fälschlicherweise gezahlten Beträge ein.

(5) Im Falle der Einziehung findet die Verordnung (EU, Euratom) Nr. 966/2012 des Europäischen Parlaments und des Rates vom 25. Oktober 2012 über die Haushaltsordnung für den Gesamthaushaltsplan der Union und zur Aufhebung der Verordnung (EG, Euratom) Nr. 1605/2002 ([10]) Anwendung.

Artikel 11

Kontrollen und Prüfungen

(1) Der Empfänger gewährleistet unter Einhaltung der geltenden Datenschutzvorschriften sowie gemäß Artikel 10 der vorliegenden EU-Beitragsvereinbarung, dass über einen Zeitraum von fünf (5) Jahren nach dem Ende des Schuljahres N/N + 1 alle relevanten Daten erfasst, aufbewahrt und im Falle der Überprüfung durch die Kommission oder durch ein anderes europäisches Organ oder eine sonstige Einrichtung, das/die für die Überprüfung der gemäß Artikel 7 der vorliegenden EU-Beitragsvereinbarung übermittelten Zahlen und Daten zuständig ist, und insbesondere durch den Rechnungshof, bereitgestellt werden.

(2) Zu diesem Zweck werden die Original-Buchhaltungsunterlagen und beglaubigte Abschriften aller für die Zahlung relevanten Dokumente, einschließlich Belegen für die Daten, die gemäß Artikel 7 der EU-Beitragsvereinbarung übermittelt wurden, gesammelt und aufbewahrt.

([10]) Vgl. Fußnote 5.

(3) Der Empfänger stimmt zu, dass die Kommission oder ein anderes europäisches Organ oder eine sonstige Einrichtung, das/die für Prüfungen zuständig ist, und insbesondere der Rechnungshof, die Verwendung des EU-Beitrags entweder direkt durch eigene Bedienstete oder durch eine von ihr beauftragte externe Einrichtung überprüfen lassen kann. Solche Prüfungen können während des Durchführungszeitraums dieser Vereinbarung sowie in einem Zeitraum von fünf Jahren nach Ablauf dieser Vereinbarung erfolgen.

(4) Das Europäische Amt für Betrugsbekämpfung (OLAF) kann ferner gemäß der Verordnung (Euratom, EG) Nr. 2185/96 des Rates und der Verordnung (EG) Nr. 1073/1999 des Europäischen Parlaments und des Rates Kontrollen und Überprüfungen vor Ort nach den Verfahren vornehmen, die in den Rechtsvorschriften der Europäischen Union zum Schutz der finanziellen Interessen der Europäischen Union gegen Betrug und andere Unregelmäßigkeiten vorgesehen sind.

Artikel 12

Kündigung

(1) In ordnungsgemäß begründeten Fällen kann jede der Parteien die Vereinbarung am Ende des laufenden Schuljahres N/N + 1 unter Wahrung einer Frist von sechs Monaten schriftlich kündigen.

(2) Ungeachtet Absatz 1 wird die Kündigungsfrist auf drei Monate vor Beginn des nachfolgenden Schuljahres verkürzt, wenn Artikel 6 Buchstabe b der vorliegenden EU-Beitragsvereinbarung zutrifft.

(3) Die gesamte schriftliche Korrespondenz während der Verfahren erfolgt per Einschreiben mit Rückschein.

Artikel 13

Aussetzung und Kündigung wegen Verstoßes gegen Vertragsbedingungen und gesetzliche Pflichten

Die Kommission kann in den folgenden Fällen beschließen, die vorliegende EU-Beitragsvereinbarung auszusetzen oder zu kündigen, ohne Schadenersatz leisten zu müssen:

a) wenn der Empfänger einer Verpflichtung nicht nachkommt, die ihm gemäß den Bedingungen der vorliegenden EU-Beitragsvereinbarung, insbesondere Artikel 7 und 9, obliegt, oder wenn er gegen seine Pflichten aus der Anerkennungsvereinbarung verstößt;

b) wenn die Kommission gegen den Empfänger oder seinen Vertreter den dringenden Verdacht einer schweren Verfehlung im Rahmen seiner beruflichen Tätigkeit hegt oder sie diese nachweisen kann;

c) wenn der Empfänger seiner Verpflichtung zur Entrichtung von Sozialversicherungsbeiträgen oder Zahlung von Steuern nach den Rechtsvorschriften des Landes seiner Niederlassung nicht nachgekommen ist;

d) wenn der Empfänger falsche Angaben macht oder Berichte vorlegt, die nicht der Wirklichkeit entsprechen, um den in der vorliegenden EU-Beitragsvereinbarung vorgesehenen Beitrag zu erhalten.

Artikel 14

Verfahren im Zusammenhang mit der Aussetzung und Kündigung wegen Verstoßes gegen Vertragsbedingungen und gesetzliche Pflichten

(1) Die Kommission leitet das Aussetzungs- oder Kündigungsverfahren durch eine schriftliche Mitteilung unter Angabe der Gründe, auf die in Artikel 13 verwiesen wird, ein. Die gesamte schriftliche Kommunikation während der Verfahren erfolgt durch Einschreiben mit Rückschein.

(2) Im Falle der Aussetzung der Vereinbarung verfügt der Empfänger über eine Frist von 30 Kalendertagen nach Eingang der schriftlichen Mitteilung, um seine Bemerkungen mitzuteilen und gegebenenfalls Maßnahmen zu ergreifen, um den Pflichten aus der vorliegenden EU-Beitragsvereinbarung weiterhin nachzukommen.

(3) Falls die Kommission diese Bemerkungen nicht innerhalb von 30 Kalendertagen nach deren Eingang schriftlich akzeptiert, ist die Aussetzung ab dem Eingangsdatum der schriftlichen Mitteilung solange wirksam, bis die Gründe für die Aussetzung nicht mehr gegeben sind oder bis die vorliegende EU-Beitragsvereinbarung beendet wird.

(4) Im Falle einer Kündigung setzt die Kommission eine Kündigungsfrist von mindestens 60 Kalendertagen nach Eingang der schriftlichen Mitteilung durch den Empfänger fest. Der Empfänger verfügt über eine Frist von 30 Tagen nach Eingang der schriftlichen Mitteilung, um seine Bemerkungen vorzulegen und gegebenenfalls Maßnahmen zu ergreifen, um seinen Pflichten aus der vorliegenden EU-Beitragsvereinbarung weiter nachzukommen.

(5) Falls die Kommission diese Bemerkungen nicht innerhalb von 30 Tagen nach deren Eingang schriftlich akzeptiert, ist die Kündigung an dem Tag nach Ablauf der Kündigungsfrist wirksam.

Artikel 15

Anwendbares Recht und Gerichtsstand

(1) Der EU-Beitrag unterliegt den Bedingungen des Beschlusses der Kommission, der vorliegenden EU-Beitragsvereinbarung, dem Recht der Europäischen Union und auf subsidiärer Grundlage dem Recht des Mitgliedstaats, in dem der Empfänger ansässig ist.

(2) Der Empfänger kann gegen die Beschlüsse [*falls zutreffend:* der Kommission] [*falls zutreffend:* [und] [der/den] sonstigen europäischen Einrichtung[en], mit denen die Kommission eine in Anhang II beigefügte MDV abgeschlossen hat]] in Bezug auf die Anwendung der Bestimmungen der vorliegenden EU-Beitragsvereinbarung vor dem Gericht der Europäischen Union und im Falle der Einlegung eines Rechtsmittels vor dem Gerichtshof Klage erheben.

Artikel 16

Inkrafttreten und Laufzeit

(1) Die vorliegende EU-Beitragsvereinbarung tritt mit der Unterzeichnung durch die letzte der Parteien in Kraft. Sie gilt während der Laufzeit der bei Unterzeichnung der vorliegenden EU-Beitragsvereinbarung bestehenden Vereinbarung über Anerkennung und Zusammenarbeit mit dem Obersten Rat ab dem Schuljahr [Schuljahr, in dem die vorliegende EU-Beitragsvereinbarung unterzeichnet wird] für den Anerkennungszeitraum und die anerkannten Stufen im Sinne von Artikel 2 Absatz 2 des Beschlusses der Kommission und Artikel 3 Absatz 2 der vorliegenden EU-Beitragsvereinbarung und läuft an dem Tag nach Ablauf der zugehörigen Anerkennungsvereinbarung ab.

(2) Wenn keine der Parteien der vorliegenden EU-Beitragsvereinbarung vor ihrem Ablaufdatum eine schriftliche Beendigungsbestätigung vorlegt und die zugehörige Anerkennungsvereinbarung verlängert wird, verlängert sich die vorliegende EU-Beitragsvereinbarung ab dem Ablaufdatum stillschweigend um die Laufzeit der an diesem Tag bestehenden Anerkennungsvereinbarung.

Artikel 17

Änderungen

Änderungen der Bedingungen der vorliegenden EU-Beitragsvereinbarung bedürfen einer schriftlichen Zusatzvereinbarung. Mündliche Absprachen sind für die Parteien nicht bindend.

Artikel 18

Verwaltungsbestimmungen

Alle Mitteilungen an die Kommission im Zusammenhang mit der vorliegenden EU-Beitragsvereinbarung erfolgen schriftlich unter Angabe der Registrierungsnummer der Vereinbarung und sind an folgende Anschrift zu richten:

Europäische Kommission

Generaldirektion [...]

Direktion [...]

E-Mail-Adresse des Referats: [...]

Alle Mitteilungen an den Empfänger im Zusammenhang mit der vorliegenden EU-Beitragsvereinbarung erfolgen schriftlich unter Angabe der Nummer der Vereinbarung und sind an folgende Anschrift zu richten:

Herrn/Frau (...)

[Funktion]

[Offizielle Bezeichnung]

[Vollständige offizielle Anschrift]

E-Mail-Adresse: [...]

Ort:	Ort: ....
Datum:	Datum: ....
Für den Empfänger	Für die Kommission
[Unterschrift]	*[Unterschrift]*

Ausgefertigt in zwei Exemplaren in [englischer, französischer oder deutscher] Sprache